Impressum
Verlag: BABADADA GmbH, Nedderfeld 112 , 22529 Hamburg
Geschäftsführer / Verlagsleitung: Harald Hof
Druck: Books on Demand GmbH, In de Tarpen 42, 22848 Norderstedt

Imprint
Publisher: BABADADA GmbH, Nedderfeld 112 , 22529 Hamburg, Germany
Managing Director / Publishing direction: Harald Hof
Print: Books on Demand GmbH, In de Tarpen 42, 22848 Norderstedt

kugawanya — חילק

186/2

ubao — לוח

sajili — כיתה

eneo la shule — חצר בית ספר

mwalimu — מורה

karatasi — נייר

kuandika — כתב

kalamu — עט

dawati — שולחן עבודה

rula — סרגל

kitabu — ספר

mwanafunzi — תלמיד

mkoba

ילקוט

kikasha cha penseli

קלמר

penseli

עיפרון

kichonga penseli

מחדד

mpira

גומי מחיקה

pedi ya kuchora

חוברת סרטוט

uchoraji

סרטוט

brashi ya rangi

מברשת

sanduku la rangi

קופסת צבעים

mkasi

מספריים

gundi

דבק

daftari

ספר תרגול

kazi ya nyumbani

שיעור בית

nambari

מספר

jumlisha

חיבר

ondoa

חיסר

zidisha

הכפיל

kokotoa

חישב

barua

אות

alfabeti

אלפבית

neno

מילה

maandishi

טקסט

kusoma

קרא

chaki

גיר

somo

שיעור

sajili

יומן נוכחות

uchunguzi

מבחן

cheti

תעודה

sare za shule

תלבושת בית ספר

elimu

חינוך

elezo

אנציקלופדיה

chuo kikuu

אוניברסיטה

darubini

מיקרוסקופ

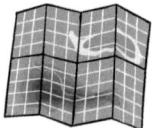

ramani

מפה

kikapu cha kuweka karatasi chafu

סל נייר

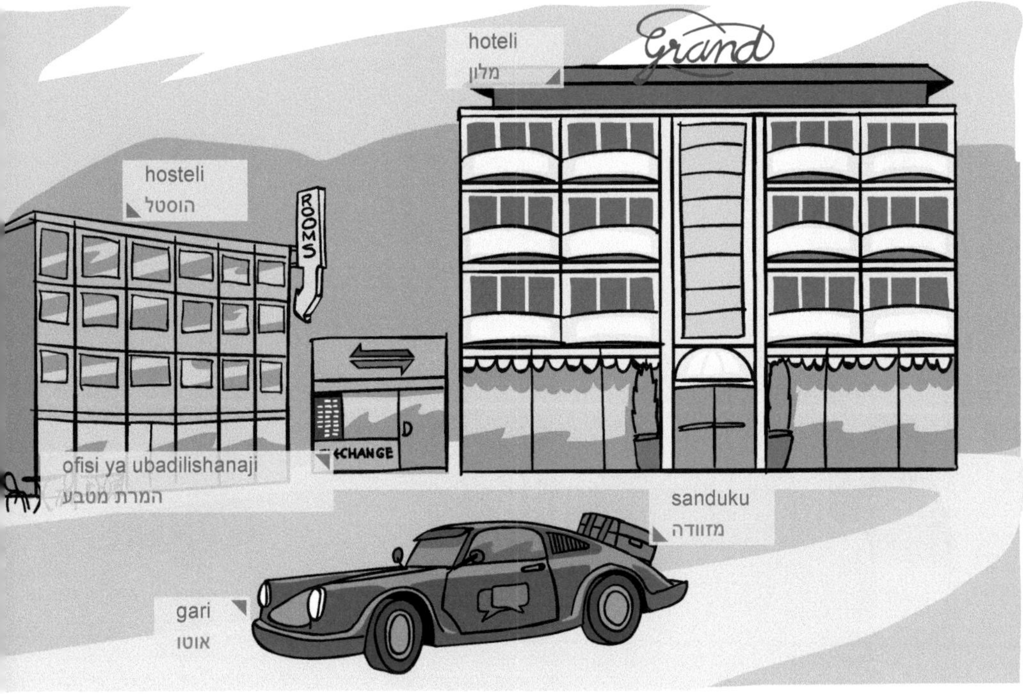

hoteli
מלון
Grand
hosteli
הוסטל
ROOMS
ofisi ya ubadilishanaji
המרת מטבע
CHANGE
sanduku
מזוודה
gari
אוטו

lugha

שפה

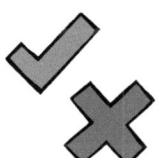

ndiyo / la

כן / לא

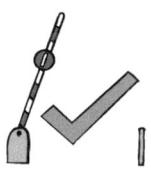

sawa

בסדר

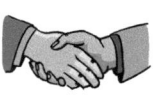

hujambo

שלום

mtafsiri

מתרגם

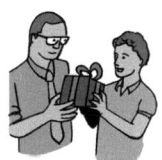

Asante

תודה

kiasi gani ni ...?

?.....כמה עולה

Sielewi

אני לא מבין

tatizo

בעיה

Jioni njema!

ערב טוב!

Habari za asubuhi!

בוקר טוב!

Usiku mwema!

לילה טוב!

kwa heri

להתראות

mwelekeo

כיוון

mizigo

כבודה

mfuko

תיק

shanta

תרמיל גב

mgeni

אורח

chumba

חדר

begi la kulalia

שק שינה

hema

אוהל

taarifa ya utalii

מרכז מידע לתיירים

ufuo

חוף ים

kadi

כרטיס אשראי

kifunguakinywa

ארוחת בוקר

chakula cha mchana

ארוחת צהריים

chakula cha jioni

ארוחת ערב

tiketi

כרטיס

kuinua

מעלית

muhuri

בול

mpaka

גבול

mila

מכס

ubalozi

שגרירות

visa

אשרה

pasipoti

דרכון

usafiri
תחבורה

ndege
מטוס
meli
אונייה
injini ya moto
כבאית
lori
משאית
basi
אוטובוס
motaboti
סירת מנוע
baiskeli
אופניים
gari
אוטו

feri
מעבורת

mashua
סירה

pikipiki
אופנוע

gari la polisi
ניידת משטרה

gari la mashindano
מכונית מרוץ

gari la kukodisha
רכב שכור

kushiriki gari

מכוניות בשיתוף

lori la kuvuta

אוטו גרר

ukusanyaji taka

משאית זבל

motor

מנוע

mafuta

דלק

kituo cha mafuta

תחנת דלק

ishara trafiki

תמרור

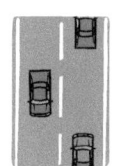

trafiki

תנועה

msongamano

פקק תנועה

maegesho

חניה

kituo cha treni

תחנת רכבת

reli

פסי רכבת

garimoshi

רכבת

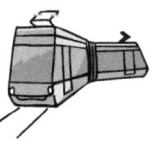

tremu

רכבת קלה

gari la mizigo

קרון

helikopta

מסוק

uwanja wa ndege

שדה-תעופה

mnara

מגדל

abiria

נוסע

chombo

קונטיינר

katoni

קרטון

mkokoteni

עגלה

kikapu

סל

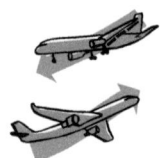

ondoka

המראה / נחיתה

jiji

עיר

kijiji

כפר

katikati ya jiji

מרכז העיר

nyumba

בית

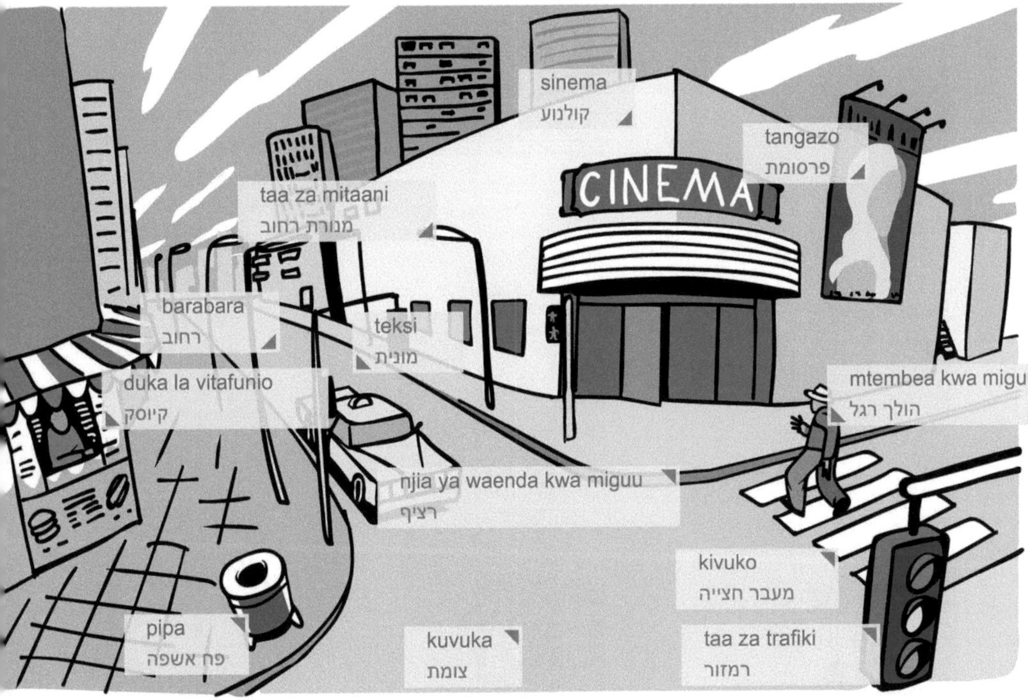

sinema
קולנוע
tangazo
פרסומת
CINEMA
taa za mitaani
מנורת רחוב
barabara
רחוב
teksi
מונית
duka la vitafunio
קיוסק
mtembea kwa migu
הולך רגל
njia ya waenda kwa miguu
רציף
kivuko
מעבר חצייה
pipa
פח אשפה
kuvuka
צומת
taa za trafiki
רמזור

kibanda

בקתה

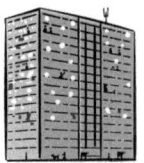

gorofa

דירה

kituo cha treni

תחנת רכבת

ukumbi wa mji

עירייה

Makavazi

מוזיאון

shule

בית ספר

chuo kikuu

אוניברסיטה

benki

בנק

hospitali

בית חולים

hoteli

מלון

duka la dawa

בית מרקחת

ofisi

משרד

duka la kitabu

חנות ספרים

duka

חנות

duka la maua

חנות פרחים

dukakuu

סופרמרקט

soko

שוק

idara ya kuhifadhi

כל-בו

mwuza samaki

מוכר דגים

kituo cha ununuzi

קניון

bandari

נמל

Hifadhi

פארק

benki

ספסל

daraja

גשר

vidato

מדרגות

chini ya ardhi

רכבת תחתית

handaki

מנהרה

kituo cha mabasi

תחנת אוטובוס

bar

בר

mgahawa

מסעדה

sanduku la posta

תא דואר

ishara ya barabara

שלט רחוב

mita ya maegesho

מדחן

bustani ya wanyama

גן חיות

kidimbwi cha kuogelea

בריכת שחיה

msikiti

מסגד

shamba

חווה

uchafuzi

זיהום

makaburini

בית עלמין

kanisa

כנסייה

uwanja wa michezo

מגרש משחקים

hekalu

בית מקדש

mazingira

נוף

jani
עלה

ishara ya mwelekeo
תמרור

njia
דרך

malisho
מרעה

jiwe
אבן

mti
עץ

mtembeaji wa masafa
מטייל

mto
נהר

nyasi
דשא

ua
פרח

bonde

בקעה

kilima

הר

ziwa

אגם

msitu

יער

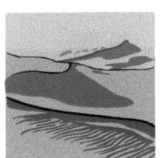

jangwa

מדבר

volkano

הר געש

ngome

טירה

upinde wa mvua

קשת בענן

uyoga

פטריה

mtende

דקל

mbu

יתוש

kuruka

זבוב

chungu

נמלה

nyuki

דבורה

buibui

עכביש

mende

חיפושית

chura

צפרדע

kuchakuro

סנאי

nungunungu

קיפוד

sungura

ארנב

bundi

ינשוף

ndege

ציפור

swan

ברבור

nguruwe mwitu

חזיר בר

kulungu

צבי

aina ya kongoni

אייל הקורא

bwawa

סכר

tabo ya upepo

טורבינת רוח

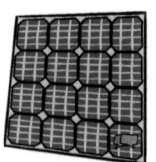

nishaji ya jua

פנל סולארי

hali ya hewa

אקלים

mhudumu
מלצר

menyu
תפריט

kiti
כסא

supu
מרק

piza
פיצה

kitambaa cha mezani
מפת שולחן

vilia
סכו"ם

kiamsha hamu

מנת פתיחה

kozi kuu

מנה עיקרית

kitindamlo

קינוח

vinywaji

שתיות

chakula

אוכל

chupa

בקבוק

chakula cha haraka

מזון מהיר

Streetfood

אוכל רחוב

buli

קנקן תה

kisanduku cha sukari

מסכרת

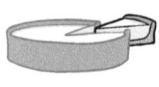

sehemu

מנה

mashine ya espresso

מכונת אספרסו

kiti kirefu

כסא תינוק

muswada

חשבון

trei

מגש

kisu

סכין

uma

מזלג

kijiko

כף

kijiko cha chai

כפית

nepi

מפית

glasi

כוס

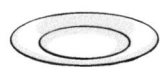

sahani

צלחת

sahani ya supu

קערת מרק

sufuria

תחתית

mchuzi

רוטב

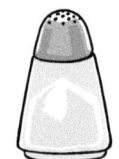

kichanyaji chumvi

מלחייה

kinu cha pilipili

מטחנת פלפל

siki

חומץ

mafuta

שמן

viungo

תבלינים

kechapu

קטשופ

haradali

חרדל

kachumbari nzito

מיונז

dukakuu

סופרמרקט

ofa maalum
מבצע
mteja
לקוח
maziwa
מוצרי חלב
matunda
פירות
toroli
עגלת קניות

mchinjaji

אטליז

mwokaji

מאפייה

uzito

שקל

mboga

ירקות

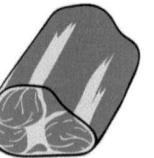

nyama

בשר

chakula waliohifadhiwa

מזון קפוא

vipande vya nyama baridi

בשר קר

chakula cha kopo

שימורים

sabuni ya unga

אבקת כביסה

pipi

ממתקים

bidhaa za kaya

מוצרי בית

bidhaa za kusafisha

חומר ניקוי

mtu mauzo

מוכרת

mpaka

קופה

keshia

קופאי

orodha ya manunuzi

רשימת קניות

masaa ya ufunguzi

שעות פתיחה

mkoba

ארנק

kadi

כרטיס אשראי

mfuko

תיק

mfuko wa plastiki

שקית נילון

vinywaji

שתיות

maji

מים

sharubati

מיץ

maziwa

חלב

coke

קולה

mvinyo

יין

bia

בירה

pombe

אלכוהול

kakao

קקאו

chai

תה

kahawa

קפה

spreso

אספרסו

kapuchino

קפוצ'ינו

ndizi

בננה

tufaha

תפוח

machungwa

תפוז

tikiti

אבטיח

lemon

לימון

karoti

גזר

kitunguu saumu

שום

mianzi

במבוק

kitunguu

בצל

uyoga

פטריות

karanga

אגוזים

nudo

אטריות

spageti

ספגטי

mpunga

אורז

saladi

סלט

vibanzi

צ'יפס

viazi vya kukaanga

צ'יפס

piza

פיצה

hambaga

המבורגר

sandwichi

כריך

kipande

שניצל

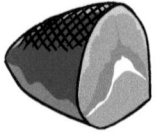

paja la mnyama

שינקין

salami

סלאמי

soseji

נקניקיה

kuku

עוף

choma

טיגון

samaki

דג

oats ya uji

שיבולת שועל

muesli

מוזלי

cornflakes

קורנפלקס

unga

קמח

kroisanti

קרואסון

andazi

לחמנייה

mkate

לחם

mkate wa kubanika

טוסט

biskuti

עוגיות

siagi

חמאה

maziwa mgando

גבינה לבנה

keki

עוגה

yai

ביצה

yai kukaanga

ביצת עין

jibini

גבינה

aiskrimu

גלידה

sukari

סוכר

asali

דבש

jemu

ריבה

kuenea kwa chokoleti

ממרח נוגט

mchuzi wa viungo

קארי

חווה

nyumba ya kilimo
majani bale
חבילת שחת
ghalani
אסם
uwanja
שדה
farasi
סוס
trela
עגלת נגרר
trekta
טרקטור
mtoto
סייח
punda
חמור
kondoo
כבש
mwanakondoo
טלה

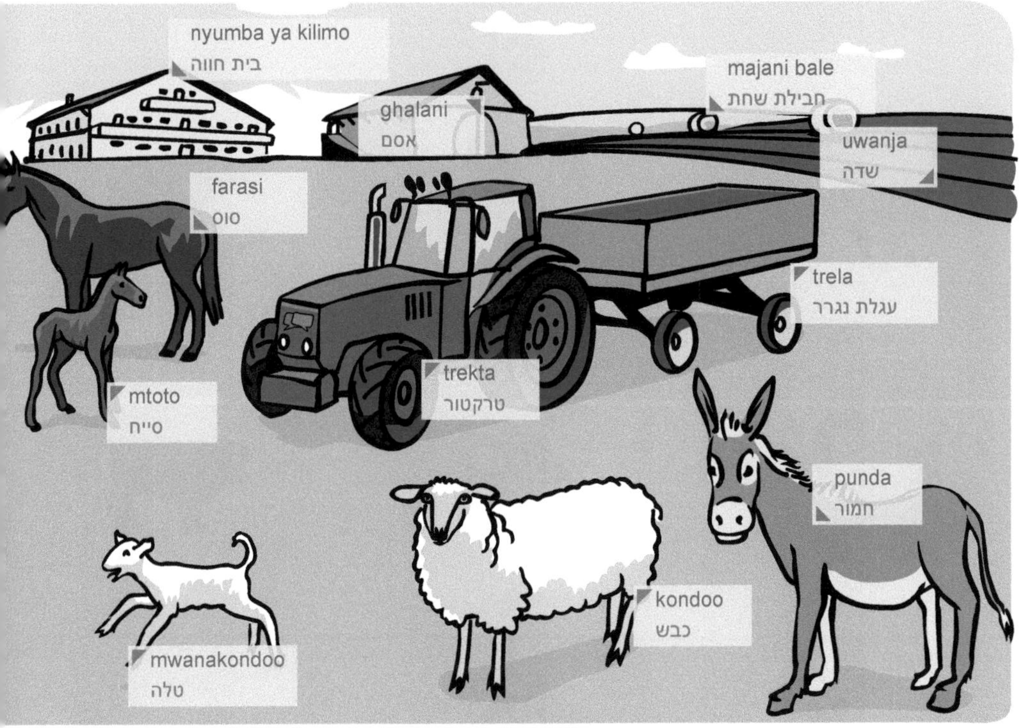

mbuzi
עז

ng'ombe
פרה

ndama
עגל

nguruwe
חזיר

mwananguruwe
חזרזיר

fahali
שור

batabukini

אווז

bata

ברווז

kifaranga

אפרוח

kuku

תרנגולת

jogoo

תרנגול

panya

חולדה

paka

חתול

panya

עכבר

ng'ombe

שור

mbwa

כלב

nyumba ya mbwa

מלונה

bomba la bustani

צינור השקיה

debe la kumwagilia maji

קנקן מים

fyekeo

חרמש

kulima

מחרשה

mundu

מגל

jembe

מגרפה

uma wa nyasi

קלשון

shoka

גרזן

toroli

מריצה

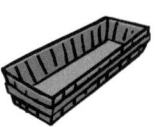

kupitia nyimbo

שוקת

chombo cha maziwa

כד חלב

gunia

שק

ua

גדר

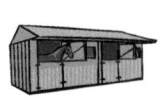

imara

אורווה

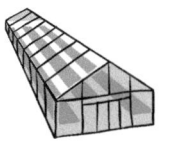

chafu

חממה

udongo

אדמה

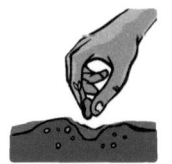

mbegu

זרע

mbolea

דשן

kivunaji

מקצרה

mavuno

קצר

mavuno

קציר

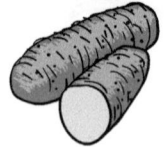

viazi vikuu

בטטה אפריקנית

ngano

חיטה

soya

סויה

viazi

תפוח אדמה

mahindi

תירס

rapa

קנולה

mti wa matunda

עץ פירות

muhogo

קסבה

nafaka

דגנים

nyumba

בית

chimni
ארובה
paa
גג
bomba la maji ya mvua
מרזב
dirisha
חלון
gareji
מוסך
kengele ya mlangoni
פעמון
mlango
דלת
pipa la taka
פח אשפה
sanduku la barua
תיבת מכתבים
bustani
גינה

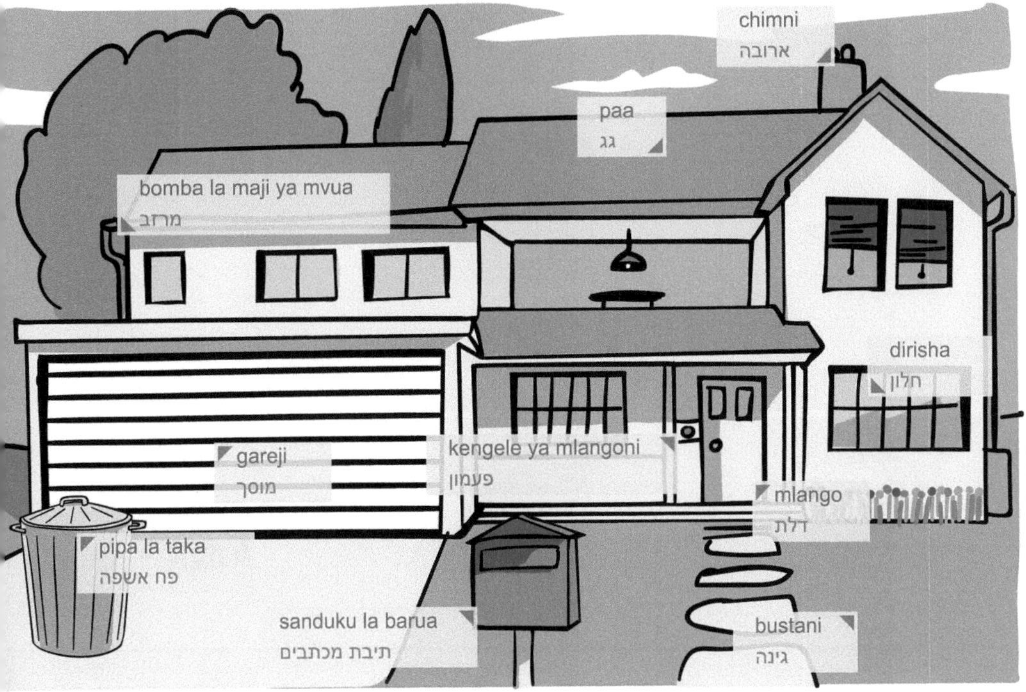

sebuleni

סלון

bafu

חדר אמבטיה

jikoni

מטבח

chumba cha kulala

חדר שינה

chumba ya mtoto

חדר ילדים

chumba cha kulia

חדר אוכל

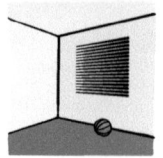

sakafu

רצפה

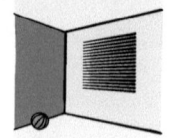

ukuta

קיר

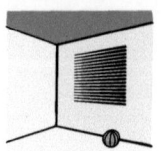

dari

תקרה

pishi

מרתף

sauna

סאונה

roshani

מרפסת

mtaro

מרפסת

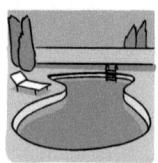

kidimbwi

בריכה

mashine ya kukata nyasi

מכסחת דשא

karatasi

סדין

kitambaa cha kupamba kitanda

כיסוי מיטה

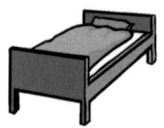

kitanda

מיטה

ufagio

מטאטא

ndoo

דלי

kubadili

מפסק

sebuleni

סלון

mandhari
טפט
picha
תמונה
taa
מנורה
rafu
מדף
kabati
ארון
televisheni/runinga
טלוויזיה
mekoni
אח
ua
פרח
mto
כרית
sofa
ספה
chombo cha maua
אגרטל
kitenzambali
שלט רחוק

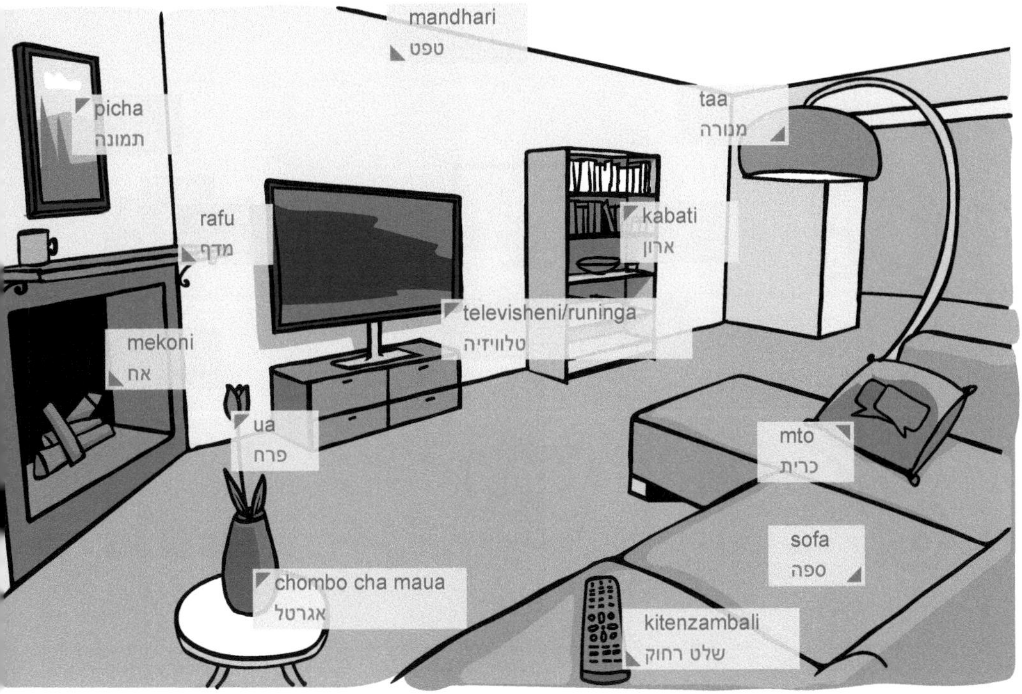

zulia

שטיח

pazia

וילון

meza

שולחן

kiti

כסא

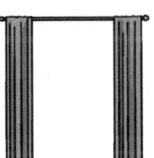

kiti cha bembea

כיסא נדנדה

armchair

כורסה

kitabu

ספר

blanketi

שמיכה

mapambo

דקורציה

kuni

עצי הסקה

filamu

סרט

kifaa cha hi-fi

מערכת סטריאו

ufunguo

מפתח

gazeti

עיתון

uchoraji

ציור

bango

פוסטר

redio

רדיו

daftari

מחברת

kifyonza

שואב אבק

dungusi kakati

קקטוס

mshumaa

נר

jikoni
מטבח

jokofu
מקרר
kikanza
מיקרוגל
wadogo jikoni
kibaniko
טוסטר
sabuni
חומר ניקוי
stovu
תנור
friza
מקפיא
pipa la taka
פח אשפה
mashine ya kuoshea vyombo
מדיח כלים

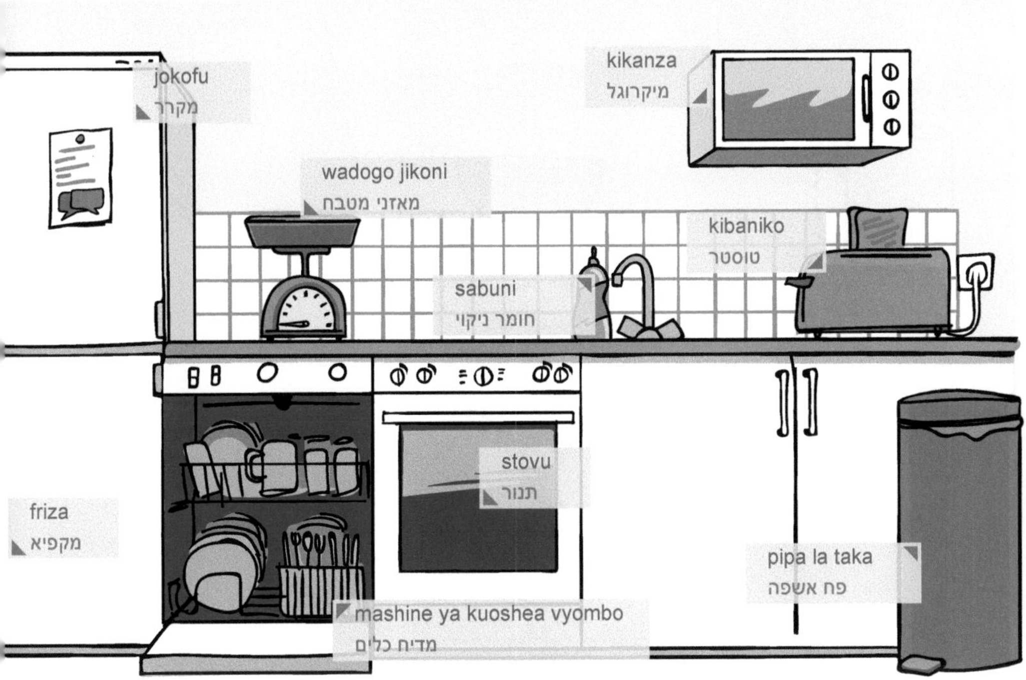

jiko la kupika

תנור

chungu

סיר

sufuria ya chuma

סיר ברזל

wok / kadai

ווק

kaango

מחבת

birika

קומקום חשמלי

stima

מאדה

sinia ya kuoka

מגש אפייה

vyombo vya udongo

כלי אוכל

kombe

ספל

bakuli

קערה

vijiti vya kulia

צ'ופסטיקס

ukawa

מצקת

mwiko mpana

מרית

burashi

מטרפה

kichujio

מסננת בישול

chujio

מסננת

mbuzi

מגרדת

chokaa

מכתש

barbeque

גריל

moto wazi

מדורה

ubao wa majaribio

קרש חיתוך

kijiti cha kusukuma unga

מערוך

kizibuo

פותחן פקקים

kopo

פחית

inaweza kopo

פותחן קופסאות

kishikio cha chungu

מטלית

karo

כיור

brashi

מברשת

sifongo

ספוג

kisagaji matunda

בלנדר

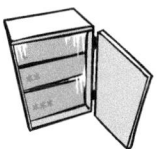

friji ya kina

מקפיא

chupa ya mtoto

בקבוק לתינוק

bomba

ברז

bafu

חדר אמבטיה

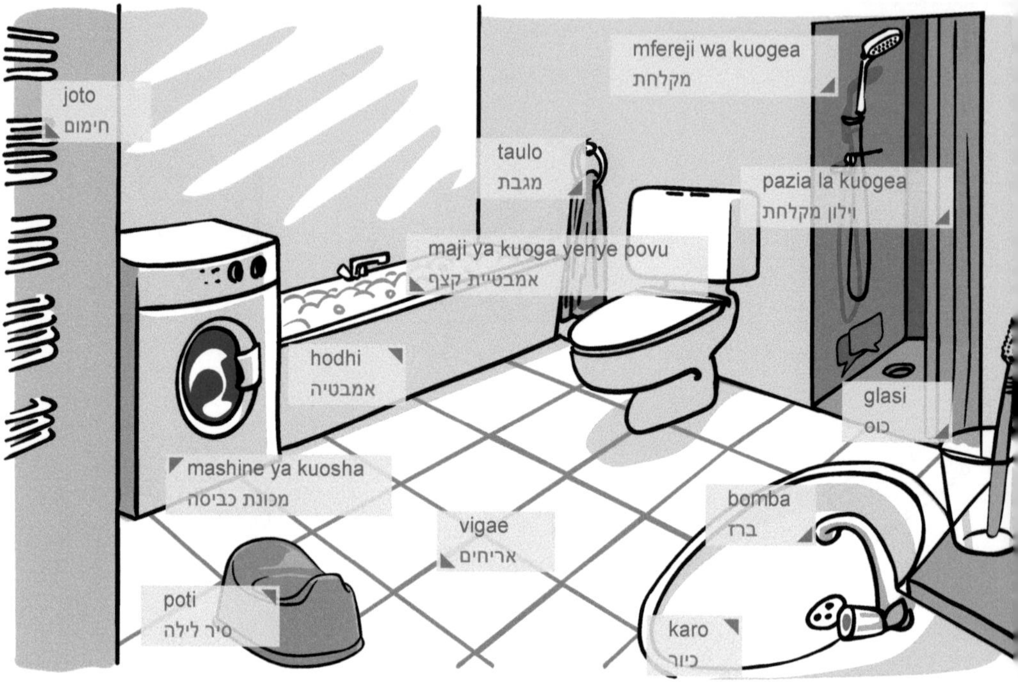

joto
חימום
taulo
מגבת
mfereji wa kuogea
מקלחת
pazia la kuogea
וילון מקלחת
maji ya kuoga yenye povu
אמבטיית קצף
hodhi
אמבטיה
glasi
כוס
mashine ya kuosha
מכונת כביסה
bomba
ברז
vigae
אריחים
poti
סיר לילה
karo
כיור

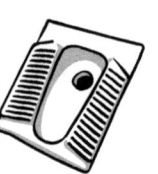

choo
אסלה

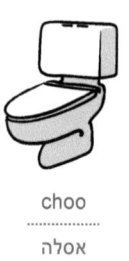

choo cha squat
אסלת כריעה

beseni la mviringo
בידה

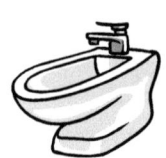

choo cha umma
משתנה

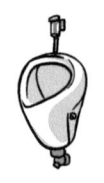

shashi
נייר טואלט

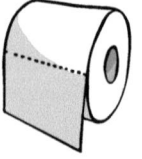

brashi ya choo
מברשת אסלה

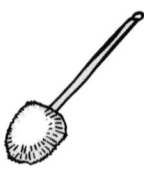

mswaki

מברשת שיניים

dawa ya meno

משחת שיניים

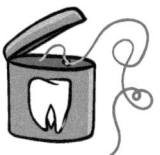

dawa ya meno

חוט דנטלי

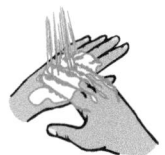

safisha

שטף

kuoga mkono

מקלחת יד

msukumo wa maji

צינור שטיפה לשירותים

bonde

קערת רחצה

mpako wa pili

מברשת גב

sabuni

סבון

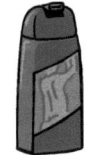

jeli ya kuogea

ג'ל רחצה

shampuu

שמפו

flana

ליפה

toa maji

ניקוז

krimu

קרם

kiondoa harufu

דיאודורנט

kioo

מראה

kioo mkono

מראת יד

kinyozi

סכין גילוח

povu la kunyoa

קצף גילוח

baada ya kunyoa

אפטרשייב

kichana

מסרק

brashi

מברשת

kikausha nywele

מייבש שיער

marashi ya nyewele

ספריי לשיער

vipodozi

איפור

kidomwa

שפתון

varnish ya msumari

לק

pamba

צמר גפן

mkasi wa kucha

מספריים לציפורניים

manukato

בושם

mkoba wa kuosha

תיק כלי רחצה

kinyesi

שרפרף

mizani

משקל

nguo ya kuoga

חלוק רחצה

glavu za mpira

כפפות גומי

kisodo

טמפון

sodo

תחבושת סניטרית

kemikali choo

שירותים כימיקליים

chumba ya mtoto

חדר ילדים

saa ya kengele
שעון מעורר
kidoli cha kupakata
צעצוע חיבוק
gari bandia
מכונית צעצוע
kelele
רעשן
chumba cha midoli
בית בובות
sasa
מתנה

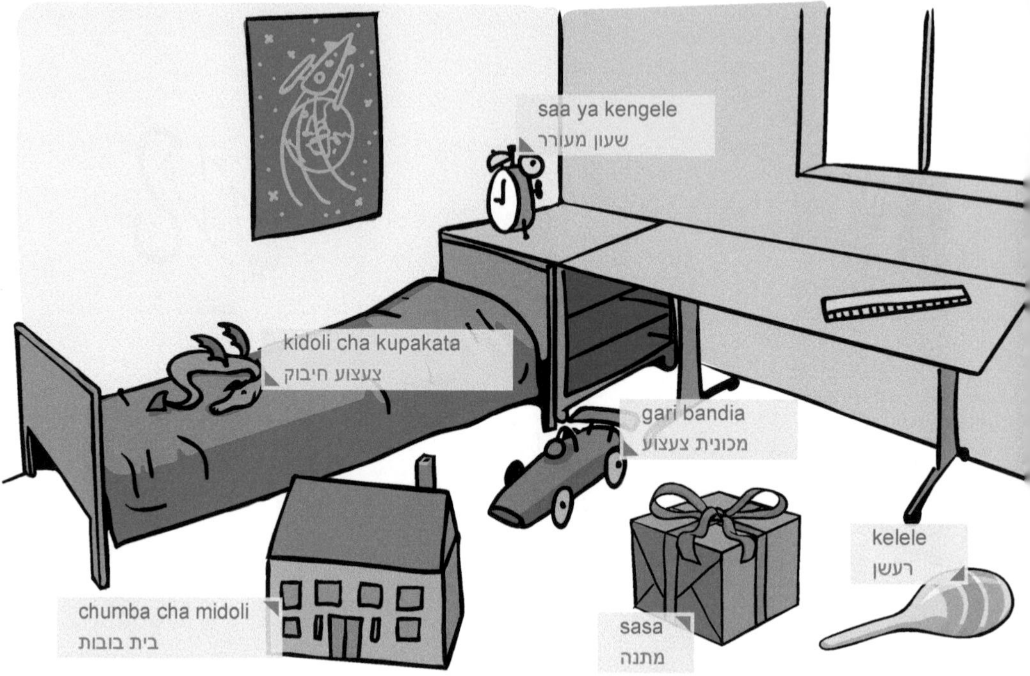

baluni

בלון

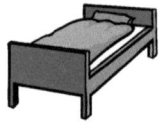

kitanda

מיטה

mashua

עגלה

staha ya kadi

משחק קלפים

mchezo-fumb

פאזל

vichekesho

קומיקס

matofali lego

לגו

vitalu mwigo

קוביות משחק

hatua takwimu

דמות משחק

suti ya kulalia

סרבל תינוקות

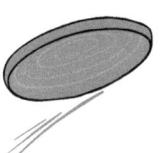

kisahani

פריזבי

simu

נייד

ubao wa michezo

משחק לוח

kete

קוביה

garimoshi mwigo

רכבת צעצוע

dummy

מוצץ

chama

מסיבה

picha kitabu

אלבום תמונות

mpira

כדור

kikaragosi

בובה

kucheza

שיחק

shimo la mchanga

ארגז חול

bembea

נדנדה

vitu bandia

צעצועים

kiweko cha video ya mchezo

קונסולת משחקים

baiskeli ya magurudumu

אופניים תלת גלגלי

matatu

mwanasesere

דובון

kabati

ארון בגדים

nguo

בגדים

soksi

גרביים

stokingi

גרביונים

kibano

גרביון

skafu
צעיף

ukanda
חגורה

mwavuli
מטריה

fulana
חולצת טי

viatu
מגפיים

ndara
נעלי בית

wakufunzi
נעלי ספורט

malapa
סנדלים

viatu
נעליים

mabuti ya mpira
מגפי גומי

suruali ya ndani
תחתונים

sidiria
חזייה

fulana
וסט

mwili

גוף

suruali

מכנסיים

dangirizi

ג'ינס

sketi

חצאית

blauzi

חולצה מכופתרת

shati

חולצה

vuta

אפודה

sweta

סווצ'ר עם קפוצ'ון

bleza

בלייזר

jaketi

ז'קט

koti

מעיל

koti la mvua

מעיל גשם

maleba

תלבושת

gauni

שמלה

mavazi ya harusi

שמלת כלה

suti

חליפה

vazi la usiku

כותונת לילה

pajama

פיג'מה

sari

סארי

skafu

מטפחת ראש

kilemba

טורבן

burka

בורקה

kaftan

קאפטן

abaya

עבאיה

vazi la kuogelea

בגד ים

vazi la kiume la kuogelea

בגד ים

kaptura

מכנסיים קצרים

teitei

בגד אימון

aproni

סינר

glavu

כפפות

kifungo

כפתור

glasi

משקפיים

bangili

צמיד יד

mkufu

שרשרת

pete

טבעת

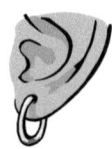

herini

עגיל

kofia

כובע

kiango cha koti

קולב

kofia

כובע

tai

עניבה

zipu

רוכסן

kofia

קסדה

kanda za suruali

כתפיות

sare za shule

תלבושת בית ספר

sare

מדים

bibu

מפית אוכל

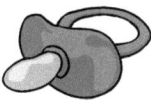

dummy

מוצץ

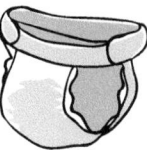

nepi

חיתול

ofisi

משרד

seva
שרת
kabati la kuweka faili
תיקייה
kichapishaji
מדפסת
karatasi
נייר
kiwambo
מסך
dawati
שולחן עבודה
kipanya
עכבר
folda
תיק
kibodi
מקלדת
cha kuweka karatasi chafu
kiti
כסא
kompyuta
מחשב

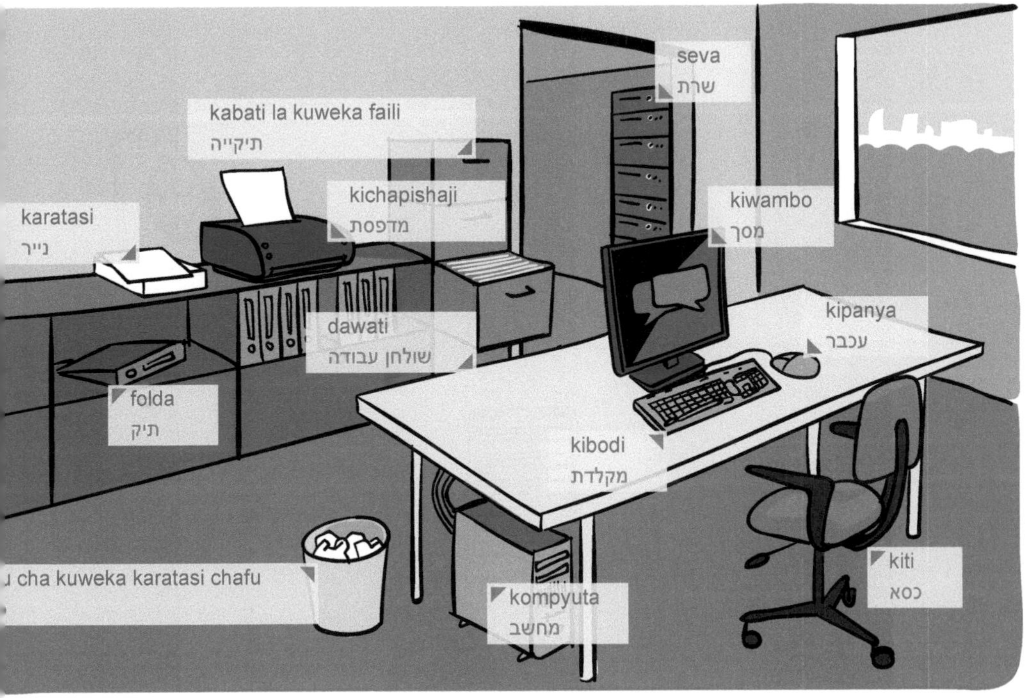

kmobe la kahawa

ספל קפה

kikokotoo

מחשבון

biashara

אינטרנט

mbali

מחשב נייד

barua

מכתב

ujumbe

הודעה

rununu

נייד

intaneti

רשת

fotokopia

מכונת צילום

programu

תוכנה

simu

טלפון

soketi

שקע

kipepesi

פקס

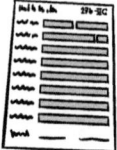

fomu

טופס

hati

מסמך

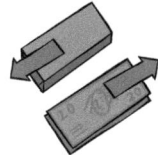

uchumi
כלכלה

kununua

קנה

kulipa

שילם

biashara

סחר

fedha

כסף

dola

דולר

yuro

יורו

yeni

ין

rouble

רובל

faranga ya Uswisi

פרנק שווייצרי

renminbi yuan

יואן רנמינבי

rupia

רופי

eneo la kulipia

כספומט

ofisi ya ubadilishanaji

המרת מטבע

dhahabu

זהב

fedha

כסף

mafuta

נפט

nishati

אנרגיה

bei

מחיר

mkataba

חוזה

kodi

מס

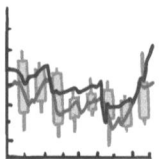

bidhaa

מנייה

kazi

עבד

mfanyakazi

עובד

mwajiri

מעסיק

kiwanda

מפעל

duka

חנות

kazi

מקצועות

afisa wa polisi
שוטר
mzimamoto
כבאי
mpishi
טבח
daktari
רופא
rubani
טייס

mtunza bustani

גנן

seremala

נגר

mshonaji

תופרת

hakimu

שופט

mwanakemia

כימאי

muigizaji

שחקן

dereva wa basi

נהג אוטובוס

dereva wa teksi

נהג מונית

mvuvi

דייג

mwanamke wa kusafisha

עובדת נקיון

mwezekaji

מתקן גגות

mhudumu

מלצר

mwindaji

צייד

mchoraji

צייר

mwokaji

אופה

umeme

חשמלאי

mjenzi

עובד בניין

mhandisi

מהנדס

mchinjaji

קצב

fundi bomba

אינסטלטור

mwanaposta

דוור

mwanajeshi

חייל

msanifu majengo

אדריכל

keshia

קופאי

muuza maua

מוכר פרחים

msusi

ספר

kondakta

כרטיסן

mekanika

מכונאי

nahodha

קברניט

daktari wa meno

רופא שיניים

mwanasayansi

מדען

rabbi

רב

imamu

אימאם

mtawa

נזיר

kasisi

כומר

koleo
צבת
nyundo
פטיש
bisibisi
מברג
kurunzi
פנס
spana
מפתח ברגים

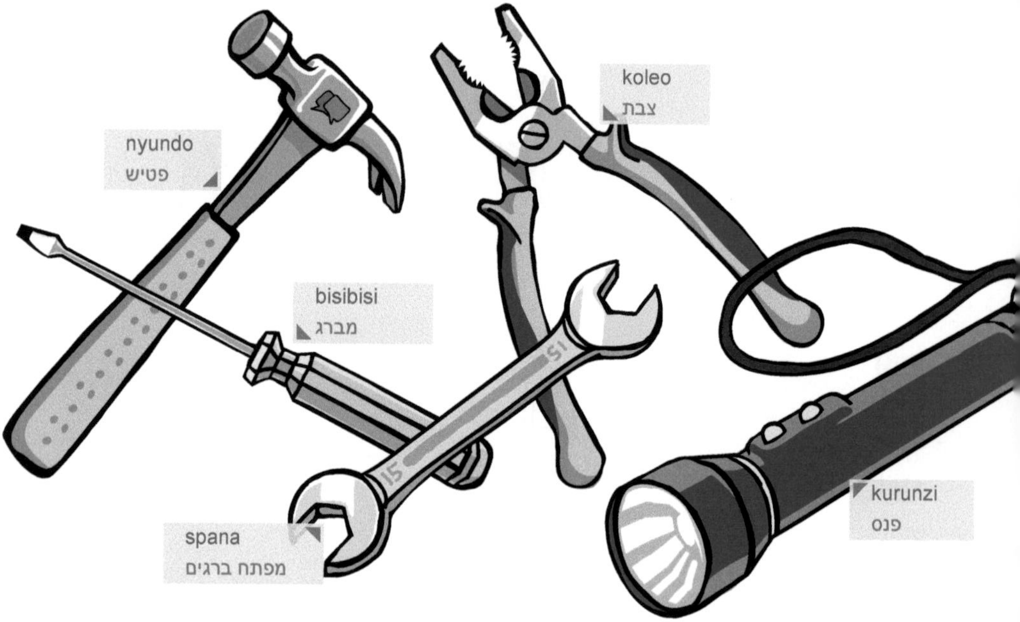

mchimbaji

דחפור

sanduku la vifaa

ארגז כלים

ngazi

סולם

msumeno

מסור

misumari

מסמרים

kuchimba visima

מקדחה

kukarabati

תיקן

sepetu

את חפירה

Lo!

לעזאזל!

kishikio cha uchafu

יעה

chungu cha rangi

פח צבע

skurubu

ברגים

ala za muziki

כלי נגינה

spika
רמקול
mpangilio wa ngoma
מערכת תופים
gita
גיטרה
besi mara mbili
קונטראבס
tarumbeta
חצוצרה

piano

פסנתר

fidla

כינור

ubeji

בס

timpani

תוף הדוד

ngoma

תופים

kibodi

מקלדת פסנתר

saksafoni

סקסופון

filimbi

חליל

maikrofoni

מיקרופון

bustani ya wanyama

גן חיות

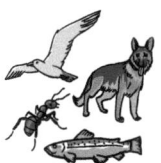

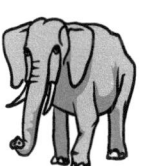

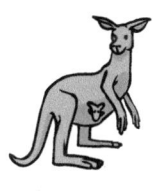

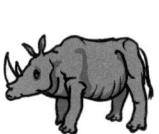

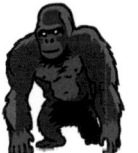

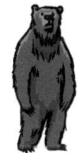

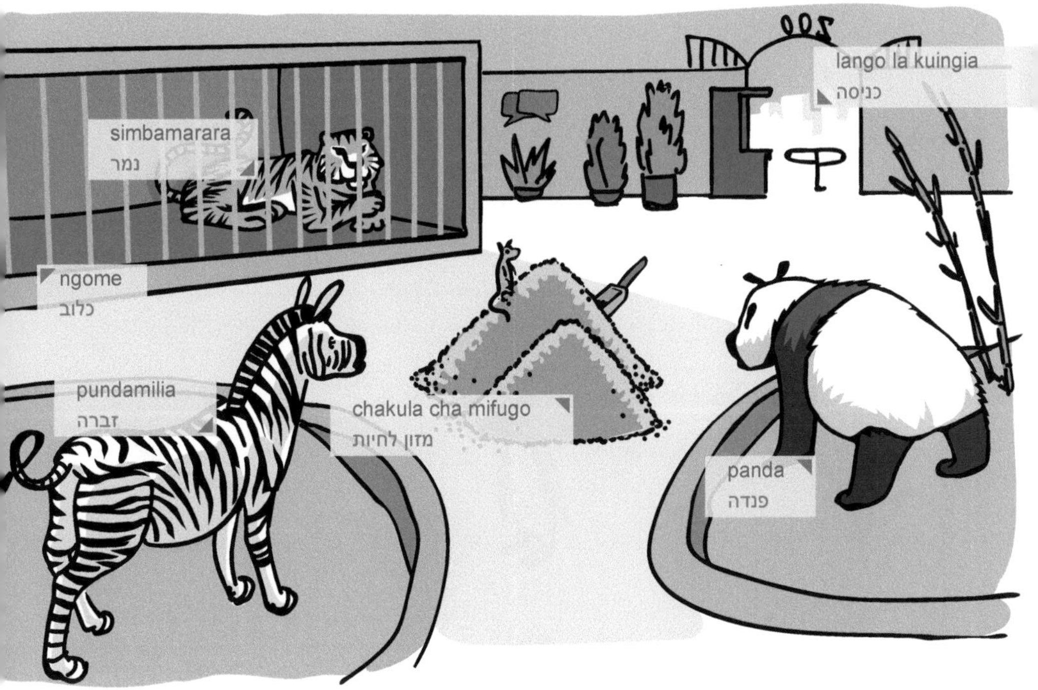

ZOO
lango la kuingia
כניסה
simbamarara
נמר
ngome
כלוב
pundamilia
זברה
chakula cha mifugo
מזון לחיות
panda
פנדה

wanyama
בעלי חיים

tembo
פיל

kangaruu
קנגרו

kifaru
קרנף

sokwe
גורילה

dubu
דוב

ngamia

גמל

mbuni

יען

simba

אריה

tumbili

קוף

heroe

פלמינגו

kasuku

תוכי

dubu

דוב הקרח

penguini

פינגווין

papa

כריש

tausi

טווס

nyoka

נחש

mamba

תנין

mtunza wanyama

שומר גן החיות

muhuri

כלב ים

jaguar

יגואר

mwanafarasi

סוס פוני

chui

לאופרד

kiboko

היפופוטאם

twiga

ג'ירפה

tai

נשר

nguruwe mwitu

חזיר בר

samaki

דג

kobe

צב

sili

סוס ים

mbweha

שועל

paa

איילה

soka ya marekani
פוטבול אמריקאי

uendeshaji baiskeli
רכיבת אופניים

tenisi
טניס

mpira wa kikapu
כדורסל

kuogelea
שחיה

ndondi
אגרוף

magongo ya barafuni
הוקי

soka
כדורגל

vinyoya
בדמינטון

riadha
אתלטיקה

mpira wa mikono
כדור-יד

skii
עשה סקי

polo
פולו

shughuli

פעילויות

kuruka
קפץ
kumbatia
חיבק
cheka
צחק
kutembea
הלך
kuimba
שר
ota ndoto
חלם
kuomba
התפלל
busu
נשק

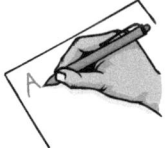

kuandika

כתב

kuteka

צייר

angalia

הראה

sukuma

דחף

kutoa

נתן

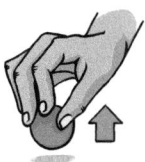

kuchukua

לקח

kuwa

יש / להיות הבעלים

fanya

עשה

kuwa

היה

kusimama

עמד

kukimbia

רץ

vuta

משך

kutupa

זרק

kuanguka

נפל

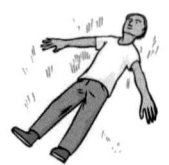

hadaa

שכב

kusubiri

חיכה

kubeba

סחב

kukaa

ישב

vaa nguo

התלבש

usingizi

ישן

kuamka

התעורר

kuangalia

הסתכל ב-

lia

בכה

kiharusi

ליטף

chana nywele

סירק

ongea

דיבר

kuelewa

הבין

kuuliza

שאל

kusikiliza

שמע

kunywa

שתה

kula

אכל

nadhifisha

סידר

upendo

אהב

mpishi

בישל

gari

נהג

kuruka

עף

meli

שט

kokotoa

חישב

kusoma

קרא

kujifunza

למד

kazi

עבד

kuoa

התחתן

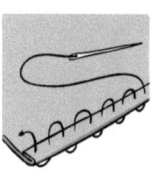

kushona

תפר

piga mswaki

ציחצח שיניים

kuua

הרג

moshi

עישן

kutuma

שלח

familia
משפחה

bibi
סבתא
babu
סבא
baba
אבא
mama
אימא
mtoto
תינוק
binti
בת
bin
בן

mgeni

אורח

shangazi

דודה

mjomba

דוד

kaka

אח

dada

אחות

mwili

גוף

paji la uso
מצח
jicho
עין
bega
כתף
kidole
אצבע
uso
פנים
kidevu
סנטר
mkono
כף יד
mguu
רגל
matiti
חזה
mkono
זרוע

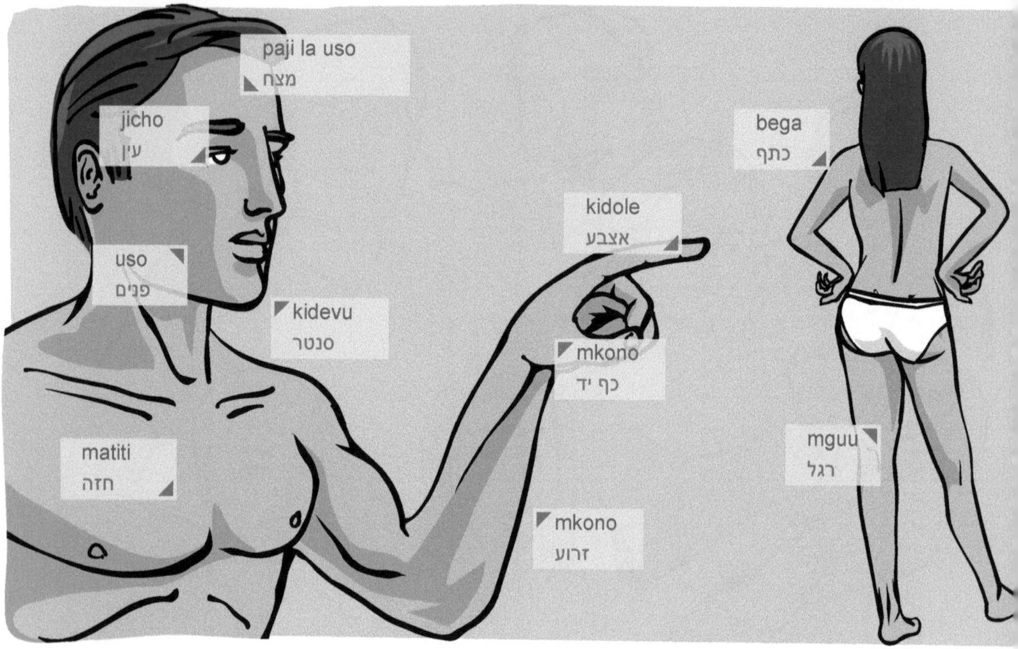

mtoto

תינוק

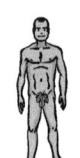

mwanamume

איש

mwanamke

אישה

msichana

ילדה

mvulana

ילד

kichwa

ראש

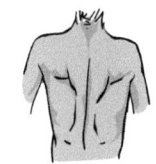

nyuma

גב

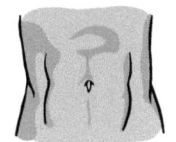

tumbo

בטן

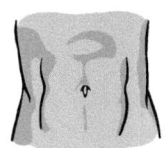

kitovu

טבור

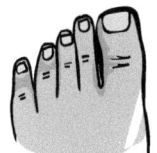

chano

אצבע

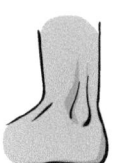

kisigino

עקב

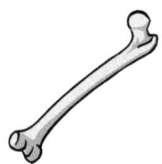

mfupa

עצם

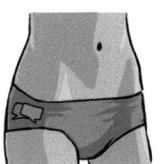

nyonga

ירך

goti

ברך

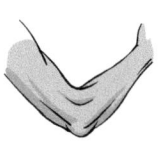

kiwiko

מרפק

pua

אף

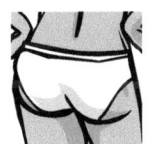

chini

עכוז

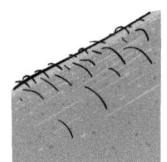

ngozi

עור

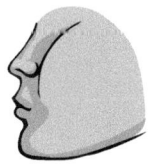

shavu

לחי

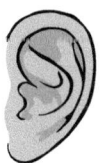

sikio

אוזן

mdomo

שפתיים

kinywa

פה

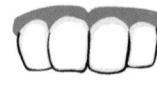

jino

שן

ulimi

לשון

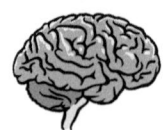

ubongo

מוח

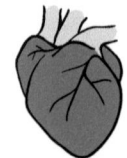

moyo

לב

misuli

שריר

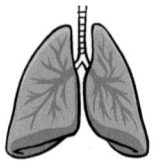

pafu

ריאה

ini

כבד

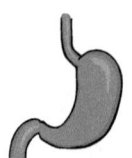

tumbo

קיבה

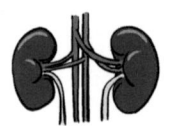

figo

כליות

jinsia

מין

kondomu

קונדום

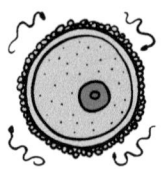

ovari

ביצית

shahawa

זרע

mimba

הריון

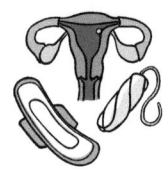

hedhi

ווסת

uke

נרתיק

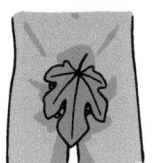

uume

פין

unyusi

גבה

nywele

שיער

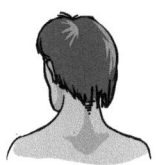

shingo

צוואר

hospitali

בית חולים

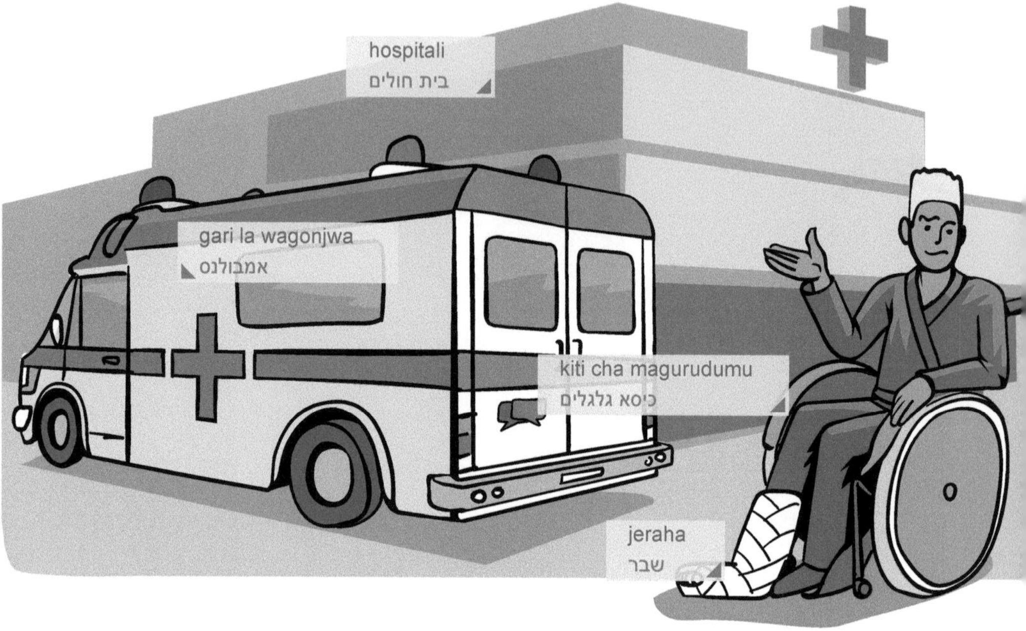

hospitali
בית חולים
gari la wagonjwa
אמבולנס
kiti cha magurudumu
כיסא גלגלים
jeraha
שבר

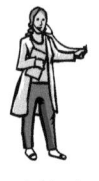

daktari

רופא

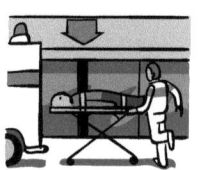

chumba cha dharura

חדר מיון

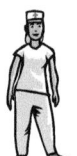

muuguzi

אחות

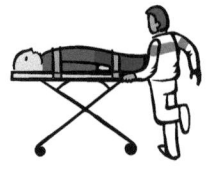

dharura

חירום

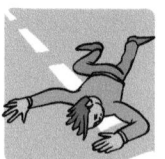

kupoteza fahamu

חסר הכרה

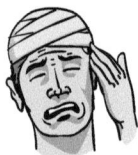

maumivu

כאב

kuumia

פציעה

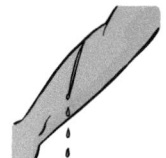

kutokwa na damu

דימום

mshtuko wa moyo

התקף לב

kiharusi

שבץ

mzio

אלרגיה

kikohozi

שיעול

homa

חום

mafua

שפעת

kuharisha

שלשול

maumivu ya kichwa

כאב ראש

kansa

סרטן

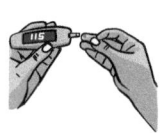

ugonjwa wa kisukari

סוכרת

daktari mpasuaji

מנתח

kisu kidogo cha kupasulia

אזמל

operesheni

ניתוח

picha changanufu ya mwili

סי-טי

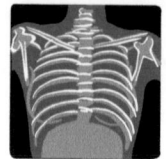

Eksrei

רנטגן

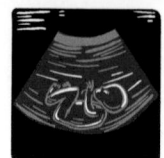

mawimbi sauti

אולטרסאונד

barakoa ya uso

מסיכת פנים

ugonjwa

מחלה

chumba cha kusubiri

חדר המתנה

mkongojo

קבה

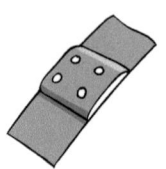

plasta

פלסטר

bendeji

תחבושת

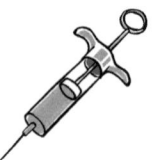

sindano

זריקה

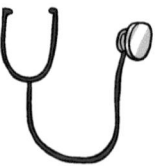

stetoskopu

סטטוסקופ

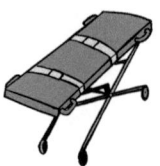

machela

אלונקה

kipimajoto cha kliniki

מד חום

kuzaliwa

לידה

unene kupita kiasi

עודף משקל

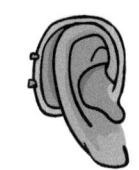

kusikia misaada

מכשיר שמיעה

kipukusi

מחטא

maambukizi

זיהום

virusi

נגיף

VVU / UKIMWI

איידס

dawa

תרופה

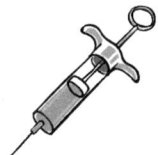

chanjo

חיסון

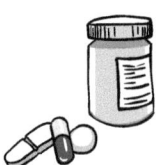

vidonge

טבליות

kidonge

גלולה

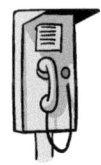

simu ya dharura

קריאת חירום

haemodainamometa

מד לחץ דם

mgonjwa / mwenye afya

חולה / בריא

dharura

חירום

Msaada!

!הצילו

kengele

אזעקה

pigo

פשיטה

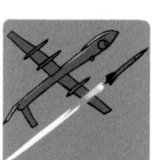

shambulizi

תקיפה

hatari

סכנה

lango la dharura

יציאת חירום

Moto!

!אש

kizima moto

מטף כיבוי

ajali

תאונה

vifaa vya huduma ya kwanza

ערכת עזרה ראשונה

wito wa msaada

!הצילו

polisi

משטרה

dunia

כדור הארץ

Ulaya

אירופה

Amerika ya Kaskazini

צפון אמריקה

Amerika ya Kusini

דרום אמריקה

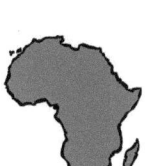

Afrika

אפריקה

Asia

אסיה

Australia

אוסטרליה

Atlantiki

האוקיינוס האטלנטי

Pasifiki

האוקיינוס השקט

Bahari ya Hindi

האוקיינוס ההודי

Bahari ya Antaktiki

האוקיינוס האנטרקטי

Bahari ya Aktiki

האוקיינוס הארקטי

Ncha ya Kaskazini

הקוטב הצפוני

Ncha ya Kusini

הקוטב הדרומי

Antaktika

אנטארקטיקה

dunia

כדור הארץ

nchi

אדמה

bahari

ים

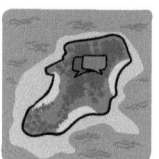

kisiwa

אי

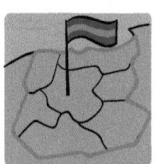

taifa

לאום

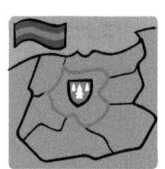

jimbo

מדינה

saa

שעון

uso wa saa

פני השעון

akrabu ya saa

מחוג השעות

akrabu ya dakika

מחוג הדקות

akrabu ya sekunde

מחוג השניות

Ni saa ngapi?

מה השעה?

siku

יום

wakati

זמן

sasa

עכשיו

saa ya dijitali

שעון דיגיטלי

dakika

דקה

saa

שעה

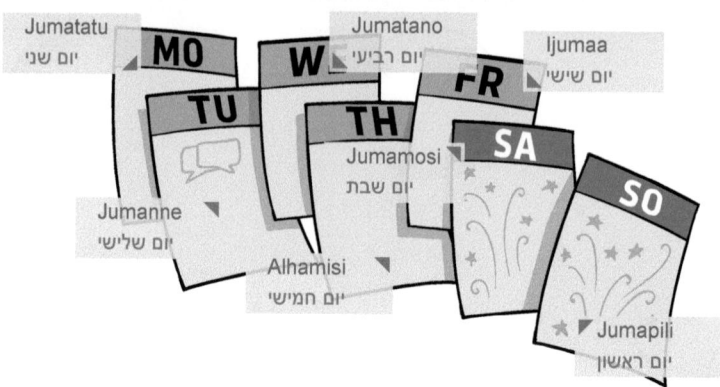

Jumatatu יום שני — MO
Jumatano יום רביעי — W
Ijumaa יום שישי — FR
TU
TH
Jumamosi יום שבת — SA
SO
Jumanne יום שלישי
Alhamisi יום חמישי
Jumapili יום ראשון

jana

אתמול

leo

היום

kesho

מחר

asubuhi

בוקר

saa sita mchana

צהריים

jioni

ערב

siku za biashara

ימי עבודה

mwishoni mwa wiki

סוף שבוע

mvua
גשם
upinde wa mvua
קשת בענן
theluji
שלג
upepo
רוח
majira ya machipuko
אביב
vuli
סתיו
kiangazi
קיץ
majira ya baridi
חורף

4.APRIL 11°
5.APRIL 4°
6.APRIL 13°
7.APRIL 8°
8.APRIL 10°

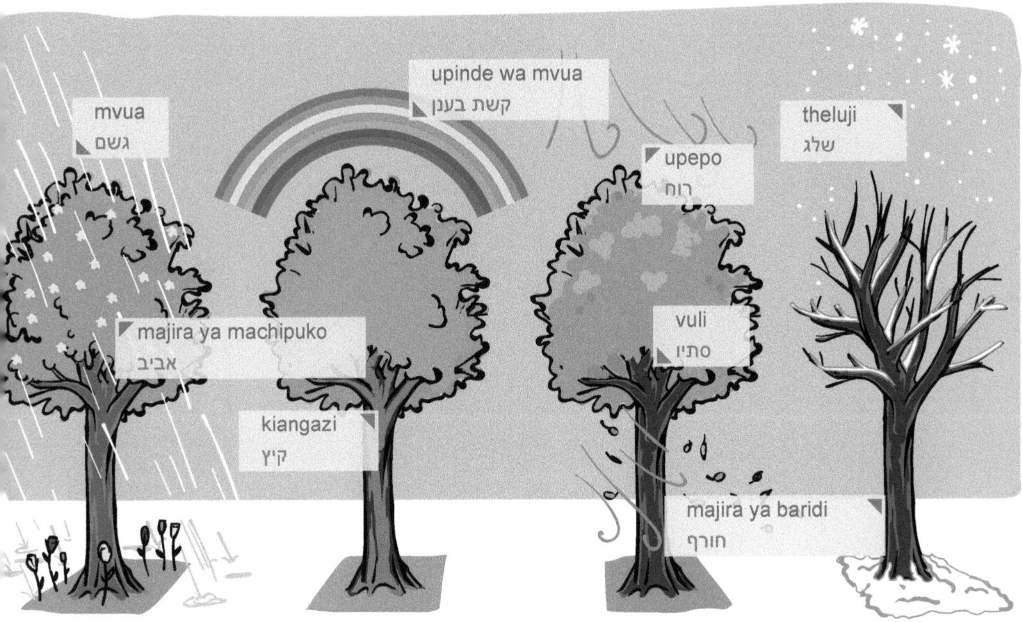

utabiri wa hali ya hewa

תחזית מזג האוויר

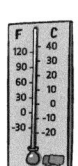

C
0
10
0
-10

kipimajoto

מד חום

mwanga wa jua

אור שמש

wingu

ענן

ukungu

ערפל

unyevu

לחות

umeme

ברק

radi

רעם

dhoruba

סערה

mvua ya mawe

ברד

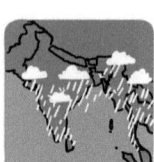

monsuni

רוח עונתי

mafuriko

שיטפון

barafu

קרח

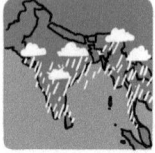

Januari

ינואר

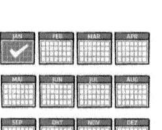

Februari

פברואר

Machi

מרץ

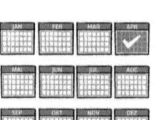

Aprili

אפריל

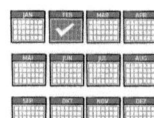

Mei

מאי

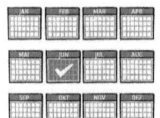

Juni

יוני

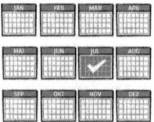

Julai

יולי

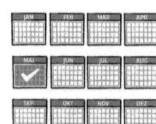

Agosti

אוגוסט

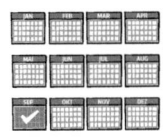

Septemba

ספטמבר

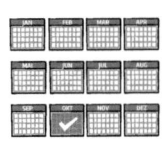

Oktoba

אוקטובר

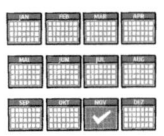

Novemba

נובמבר

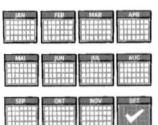

Desemba

דצמבר

maumbo

צורות

mduara

עיגול

mraba

מרובע

mstatili

מלבן

pembetatu

משולש

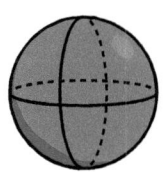

nyanja

כדור

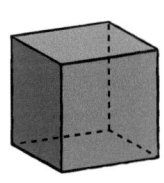

mchemraba

קובייה

rangi

צבעים

nyeupe

לבן

manjano

צהוב

chungwa

כתום

rangi ya waridi

ורוד

nyekundu

אדום

hudhurungi

סגול

bluu

כחול

kijani

ירוק

hanja

חום

jivujivu

אפור

nyeusi

שחור

kinyume

הפכים

mengi / kidogo

הרבה / מעט

hasira / pole

כועס / רגוע

nzuri / mbaya

יפה / מכוער

mwanzo / mwisho

התחלה / סוף

kubwa / ndogo

גדול / קטן

angavu / giza

בהיר / כהה

kaka / dada

אח / אחות

safi / chafu

נקי / מלוכלך

kamilika / tokamilika

שלם / חלקי

siku / usiku

יום /לילה

wafu / hai

מת / חי

pana / nyembamba

רחב / צר

kulika / kutolika

אכיל / לא אכיל

ovu / ema

רשע / טוב לב

sisimkwa / udhika

מתרגש / משועמם

nene / nyembamba

שמן / רזה

kwanza / mwisho

ראשון / אחרון

rafiki / adui

חבר / אויב

jaa / tupu

מלא / ריק

ngumu / laini

קשה / רך

nzito / nyepesi

כבד / קל

njaa / kiu

רעב / צמא

mgonjwa / mwenye afya

חולה / בריא

haramu / kisheria

בלתי-חוקי / חוקי

akili / kijinga

נבון / טיפש

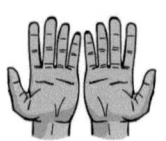

kushoto / kulia

שמאל / ימין

karibu / mbali

קרוב / רחוק

mpya / kutumika

חדש / משומש

kitu / jambo

כלום / משהו

zee / changa

זקן / צעיר

waka / zima

פעיל / כבוי

wazi / fungwa

פתוח / סגור

utulivu / kelele

שקט / רועש

tajiri / masikini

עשיר / עני

sahihi / kosa

נכון / שגוי

mbaya / laini

מחוספס / חלק

huzunika / furahia

עצוב / שמח

fupi /ndefu

קצר / ארוך

polepole / haraka

איטי / מהיר

nyevu / kavu

רטוב / יבש

joto / baridi

חם / קר

vita / amani

מלחמה / שלום

nambari

מספרים

0	1	2
sufuri	moja	mbili
אפס	אחת	שתיים
3	4	5
tatu	nne	tano
שלוש	ארבע	חמש
6	7	8
sita	saba	nane
שש	שבע	שמונה
9	10	11
tisa	kumi	kumi na moja
תשע	עשר	אחת-עשרה

12

kumi na mbili

שתים-עשרה

13

kumi na tatu

שלוש-עשרה

14

kumi na nne

ארבע-עשרה

15

kumi na tano

חמש-עשרה

16

kumi na sita

שש-עשרה

17

kumi na saba

שבע-עשרה

18

kumi na nane

שמונה-עשרה

19

kumi na tisa

תשע-עשרה

20

ishirini

עשרים

100

mia

מאה

1.000

elfu

אלף

1.000.000

milioni

מיליון

lugha

שפות

Kiingereza

אנגלית

Kiingereza cha Marekani

אנגלית אמריקאית

Kimandarini cha Uchina

סינית מנדרינית

Kihindi

הודית

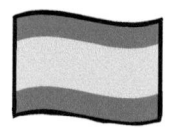

Kihispania

ספרדית

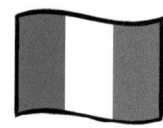

Kifaransa

צרפתית

Kiarabu

ערבית

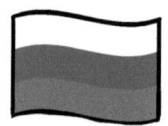

Kirusi

רוסית

Kireno

פורטוגזית

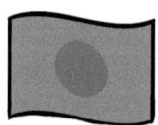

Kibengali

בנגלית

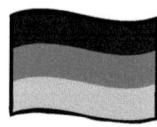

Kijerumani

גרמנית

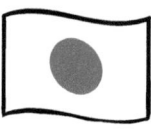

Kijapani

יפנית

ambao / nini / jinsi

מי / מה / איך

mimi

אני

wewe

אתה / את

yeye / yeye / ni

הוא / היא / זה

sisi

אנחנו

wewe

אתם

wao

הם

nani?

מי?

nini?

מה?

jinsi gani?

איך?

wapi?

איפה?

lini?

מתי?

jina

שם

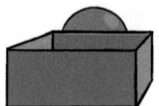

wapi

איפה

nyuma

מאחור

katika

בתוך

mbele ya

לפני

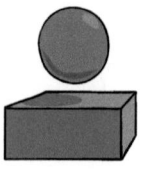

juu ya

מעל

kwenye

על

chini ya

מתחת

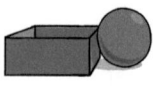

kando

ליד

kati

בין

mahali

מקום